달북

문인수 시집

시인동네 시인선　　010　　　　　　　　문인수 시집

달북

시인동네

시인의 말

지금까지 시를 써오면서
내가 얻은 말 중에 가장 기뻤던 말이
'달북'이다. 그래, 그때 비로소
'달과 북'은 하나가 됐다. 어두운 마음이
달 올려다볼 때면 본래
먼 대답, 전면 환한 북소리가 오는 것.
그러니, 달은
"고금의 베스트셀러"다.

달북

시인의 말

차례

제1부

강 · 13
강의 강 · 14
곁들 · 15
구름 · 16
그의 유고시집 출판기념회 · 17
금호강 · 18
기러기 · 19
꽹과리 · 20
노을에 새기다 · 21
벚나무 크게 웃다 · 22
바보다 · 23
밤새는 말 · 24
동백 진 소리 · 25

제2부

달북 · 29

목소리 · 30

마애불 · 31

목어(木魚) · 32

범종(梵鐘) · 33

운판(雲版) · 34

연못의 잉어가 공중의 목어에게 물었다 · 35

손바닥 향기 · 36

뒷모습 · 37

다시, 저 뒷모습 · 38

달팽이 · 39

부재 · 40

사라진 옛집 · 41

제3부

사모곡 · 45

사별 · 46

산 넘는 산 · 47

무슨 말이었을까 · 48

수몰, 그대 고향 부근의 간이역 · 49

엄청난 재채기 · 50

오라 · 51

운문호 · 52

이 나무의 오랜 입 · 53

이 어여쁜 낙엽은 뭔 말일까 · 54

장마 · 55

저 별들의 힘 · 56

저 청어 대가리들 · 57

제4부

적적 · 61

막막 · 62

폐교, 수비! · 63

달에게 · 64

어느 산골마을 앞에서 귓속말 한마디에
대오각성 한 일 · 65

포란 · 66

하늘 맛을 알아? · 67

현기증 · 68

호미 · 69

황진이에게 · 70

힘 · 71

법고(法鼓) · 72

해설 '달'에서 '북'으로의 이음새와 언어의 결
　　이재복(문학평론가·한양대 교수) · 73

*이번 시집에 수록된 작품 중에서 「구름」 「기러기」 「달팽이」 「동백 진 소리」 「사모곡」 「사별」 「현기증」 등 7편은 앞서 낸 시집들에서 그대로 옮겨 재수록했음을 밝혀둔다.

제1부

강

물새 발자국이 한 줄 잔설 위에 찍혀 있다. 아침 햇살이 입 대고 언 종적을 따라간다.

여기다!

날개 핀 자리, 상처가 좀
더 깊다.

강의 강

강을 길이라 하자, 길을 물이라 하자, 물을 젖이라 하자, 젖을 생명이라 하자,

불가침!

비명 없는 강, 강을 강이라 하자.

곁들

은행나무 밑둥치마다 낙엽이 몰렸다.

이 추위가 아니라면 어찌 너의 이름 알리.

반음씩, 더,
다가간다.

따신 곁이 참 많다.

구름

저러면 참 아프지 않게 늙어갈 수 있겠다.

딱딱하게 만져지는, 맺힌 데가 없는지
제 마음, 또 뭉게뭉게 뒤져보는 중이다.

그의 유고시집 출판기념회
―박찬 시인

그가 앉을 이 자리에 이제 그가 없네.

나의 하루하루는 그를 묻는 삽질일까.

그런가,

그를 잊는 날 나는 그의 무덤이리.

금호강

저, 몸이 길인 거다.

여러 굽이, 기지개다.

강에 기대앉아 강에 또 어깨 겯는,
사내는 할 일이 없다.

지금은 참, 강이다.

기러기

저 달의 뒤편을 가로지른 적 있었네.
거기, 방(榜) 한 줄이 길게 날 따라 흘렀네.

"아무도 여기 이 그늘 읽어가지 마시오."

꽹과리

산기슭에 빽빽한
이 소나무들, 움직여
제각각 구불구불, 한꺼번에 움직여

꽹과리, 자지러진다. 저
엉덩이들을 민다.

노을에 새기다

이 풀잎 잎 그림자의 일 획이 아, 음각이다.
바람에 몸 문질러 제 어둠 새기는 거,
하늘에, 눈에 밟히다 저녁 붉은 것이다.

벚나무 크게 웃다

활짝 핀 벚꽃, 벚나무는 근지럽다.
터질 듯 뭉게뭉게 몇 날 며칠 견디다가

으하하, 꽃 진다,

꽃 져,

바람에게 등 댔다.

바보다

구름은 참 커다란 바보다.

인생을 요약할 말,
그 한마디가 도무지 떠오르지 않는지
전신에, 또
뭉게뭉게
파이프를 피워 물고……

밤새는 말

어디어디어디어디어디어디어디
어디어디어디어디어디어디어디

어디서 종장을 치나, 저 빗소리

어디로……

동백 진 소리

동백 져 깜짝 놀라 한 번 더 피었다,

한 번 더 피었다 그대로 징 때린

파동이, 목구멍 깊이 빨려드는 중이다.

제2부

달북

봐, 달은 어디에나 떠 기울여 널 봐.

그 마음 다 안다, 그건 그래, 그렇다 하는…… 귀엣말,

환한

북

소리,

지금 다시 널 낳는 중.

목소리

꽃 잡고 길을 묻고 꽃 잡고 길을 묻는, 나비 자국엔 나비 애, 그 고요가 움직이네.

내 친구, 친구의 집은 어디인가, 또 묻네.

마애불

부처의 손이 나뭇가지 그림자를 잡아, 잡았다 그냥 놔 잡았다 그냥 놔

바람에, 각(刻)을 지우는 저 길 또한
마애다.

목어(木魚)

팔 힘이 지느러미, 부레다 아가미다. 나무 한 마리가 공중에 다다랐다.

바다는, 늙은 어부의 노(櫓)를 물고 잠든다.

범종(梵鐘)

아가리 아래 또 우묵하게 아가리가 파였구나.

하늘과 땅, 땅과 하늘이 커다랗게 공(空)을 무는

저것이 입맞춤이다.

통하니 참, 혀가 없구나.

운판(雲版)

이 추운 저녁 호수 위 흰 구름 한 덩이, 저 구름 두드려 매매 매매 부풀려

부를까, 새떼 몰려와 자자하게 깃들게.

연못의 잉어가 공중의 목어에게 물었다

넌 왜 그리
속도 없냐?
그래, 난
속도 없다.

어안이 벙벙하냐?

어안이 벙벙하다.

그런데 야,
물 안 먹어?
히, 히, 그 물
다 먹었다.

손바닥 향기

밤에, 경주 남산에, 수국 덩어리가 희데.

머리 없는 부처, 돌부처가 인 달 만져봤어.

향기가

찬 손바닥에 곱슬곱슬, 환하데.

뒷모습

풍경소리 저 홀로 걸어가는 것이다.

저를 달고 하염없이 걸어가는 것이다.

쉬었다,

또 귀먹은 듯 걸어가는 것이다.

다시, 저 뒷모습

—잘 가라, 가지 마라,

그, 다, 내가 만져진다.

풍경(風磬),

저 소리가 날 재울 것인가……

허공의 한 소실점이

그래, 날 찌르겠다.

달팽이

검은 수렁 한복판을 느릿느릿 간다. 저런 절 한 채를 뒤집어 쓰고 살 수 있다면……, 동해안 아름다운 길 길게 풀린다.

부재

나무가 베어졌다.
그 바닥이 축축하다.
그러니까, 참
생생하게 와 닿는

빈자리, 이것이 바로 산 증거!

(너, 죽었어……)

사라진 옛집

나 태어나 자란 집이 헐값에 헐렸어.

빈터는 곧 생생한 기억들 불러들였으나

불이야!

바람 아래 풀, 풀 떼여, 불, 불살라.

제3부

사모곡

 터질 듯한 오줌보를 길게 풀고 진저리칠 때, 그러니까 그때 마침 베틀 소리 멎을 때, 닭 울 때, 그 푸른 새벽 섬유질이 만져질 때……

사별

다섯 살, 일곱 살, 잠든 두 아이 들여다본다.

들여다볼수록 당신 참, 새록새록 닮았다.

와르르, 껴안게 되는 이, 감격의 도가니……

산 넘는 산

온 산에 단풍이다.
뭔 결의로 꽉 찼다.

산에 바람나서
바람 몰려 올라가는,

산 넘는, 저 산 넘는 산
바라보라.

널 넘어라.

무슨 말이었을까

가랑잎 하나가 납작, 내 발길 앞에 멈춘 거
무심코 지나쳤다, 돌아보니 간 곳 없다. 이때다.
가로수들이 또, 뭐, 말을 버린다.

수몰, 그대 고향 부근의 간이역

석양은 보통 역 언저리를 약간 더 붉힌다. 지척간인데도 "집이 멀다"는 저 말, 또 붉다.

눈자위 근지러운 거 땅거미가 먹는 중.

엄청난 재채기

경상북도 의성군 사곡면 화전리,
산수유 골짜기에 감기 든 거 풀고 간다.

저 일색, 유황 냄새에
막힌 숨통 쾅! 뚫다.

오라

반백의 머리 꼭대기, 다시 그 언저리를
맴도는 담배 연기는 어디로 다 풀리나.

실 뭉치!

생각에 생각, 생각 중인 저 여자.

운문호

긴 겨울 가뭄이다.
물 준 자국이 刻, 刻, 백태 같다.

자를 대고 그은 듯 목을 죄며 내려갔다.

결빙의 번쩍이는 눈,
단애 아래 시퍼렇다.

이 나무의 오랜 입

직경이 한 뼘 가량 가지 잘린 자리에, 그 비명 다물자니 그 묶음에 테가 생겨, 아아아 목구멍 막혀 튼 입술로 삼키는…….

이 어여쁜 낙엽은 뭔 말일까

낙엽은 명사일까, 아니면 동사일까?

곱게 떨어지는, 떨어져 누워 고운……. 낙엽은 아름다운 길, 그 길 다문 형용사!

장마

빗줄기 가로질러 새 한 마리 날아간다.

직진이다.

확신의 저 질긴, 긴 날줄이다. 오늘도
젖은 뜰 한 필
먼 데 어디 널러 간다.

저 별들의 힘

별들은 저마다 아름다운 힘이다.
한 가닥씩 꼭, 꼭, 깨문 고뇌의 끈 같은 것,
그 먼 길
접고 접으며 반짝반짝 올라간다.

저 청어 대가리들

바닷가 어느 식당 이층 창밖이다.

헌 전깃줄 한 가닥이 자꾸 수평선을 가린다.

가릴 때,

그걸 타 넘는 저, 등 푸른 파도들……

제4부

적적

개미떼 줄지어가… 들여다보다가 보다가…
점심 먹고 또 한참 들여다보다가 보다가…

……끝없다

끝없다 싶어, 환한 목련 보다가……

막막

죽은 지 칠 년 여,
그 단칸방을 나왔다.

겹겹 껴입은 옷, 복더위에 나왔다.

백골에

사무친 냉골, 그 노인

으,

떨며

나왔다.

폐교, 수비!

　화전민들 떠난 화산 꼭대기 화산초등 분교, 한쪽 축구 골대가 엎어질 듯 기울었다. 이제 곧, 가는 세월 안고 뒹굴려는 참이다.

달에게

내가 어이 촌놈! 하니까,*

저도 어이 촌놈! 한다.*

나는 나물 먹고, 너는 산 먹고…

똥 굵다. 똥구멍 짼 말,

밥 먹었냐, 밥 먹었냐.

---

*졸시「달에게」에서 인용.

어느 산골마을 앞에서 귓속말 한마디에
대오각성 한 일

"어르신, 산행로 입구가 어딥니까?"

노인은 대답도 없이, 자꾸 날 훑어보았다.

"야 임마, 너, 더 늙었어!" 한 친구,
내게 속삭인……,

포란

무덤가 찔레 굴형은 왜,
왜, 오래
성대가 없나. 비에, 수북한 비애가
자꾸 구부리는 등뼈.

어머니,

날아가세요,

대답하지 마세요.

하늘 맛을 알아?

대구시 동구 도동 산 백팔십 번지 비탈엔
측백나무 군락이 강한 향기로 말한다. 아, 하고 올려다보면
그 하늘 맛 참 새파래.

현기증

바람에 떴다 빙글, 무너지다 놀란 거
봐라, 저 백짓장, 또 아찔! 새하얀 거―

그대가 날 잊을 때마다 내가 겪는,

공중이다.

호미

옛집 뒤꼍 감나무 밑에 호미 한 자루 꽂혔네.

왜, 홀로, 몽그라진

어머니

?

우듬지 저 그믐낮달, 당신 따에 심었네.

황진이에게

기러기 밑줄을 쳐 너에게 보내는 말,
붉다. 저 저녁놀 긴 팔 괴 누웠나니

못 간다.

별 배기는 밤, 또 너에게 보낸다.

힘

폭포 직전, 물의 근육이
팽팽하게 당긴 것,

화염!
물보라 보라,

이것이 개벽이다.

고요는 마침내 만발,
만삭을 풀었나니.

법고(法鼓)

달이다.

달, 북이다.

달 끓는 북소리다.

북소리 흰 날개들, 잇대어 달을 도는

달무리,

중천을 품다. 저

큰 바퀴,

새떼여……

해설

'달'에서 '북'으로의 이음새와 언어의 결

이재복(문학평론가·한양대 교수)

    요즘 짧은 시가 유행이다. 여기에는 단순한 취향 이상의 의미가 내재해 있다. 젊은 시인보다는 우리 시단의 중견 이상의 시인들의 호응이 크다. 이 차이를 '지금, 여기' 혹은 '지금, 여기'의 우리 시를 바라보는 편차라고 해야 할까? 누가 뭐라고 해도 '지금, 여기'는 복잡성과 불확정성이 지배하는 세계이다. 시인은 이 세계에 어떻게 반응하고 또 어떤 태도를 취해야 할까? 한 가지 흥미로운 점은 이 세계의 복잡성과 불확정성을 그 자체로 드러내려는 시인들이 있고, 그것을 고도로 단순화하고 정제해서 드러내려는 시인들이 있다는 것이다. 전자의 경우는 시각적인 이미지와 산문의 양식을 강조하는 시의 현대성과 통하는 부분이 있으며, 후자의 경우는 율격과 운문의 양식을 강조하는 시의 고전성과 통하는 부분이 있다. 지금 이 시대에 시의 고전성을 드러낸다는 것은 시대착오적인 것으로 보일 수도 있지만 고전의 현대화 내지 과도한 복잡성과 불확정성에 대한 비판과 저항의 차원으로 볼 수도 있다.

　최근 '극서정시', '선시', '디지털코드' 등의 담론들이 하나의 흐름을 형성하고 있는 것도 이러한 사실과 무관하지 않다. 고도로 단순화되고 정제된 짧은 시의 양식이 복잡하고 난해한 시의 양식에 대한 비판과 저항으로써의 기능을 수행한다면 그것은 이 양식이 사회적인 효용성을 지닌다는 것을 의미한다. 짧은 시의 압축과 절제는 기본적으로 정신의 비만함에 대한 견제 혹은 경계의 의미를 담고 있기 때문에 온갖 욕구와 욕망으로 질펀거리는 현대사회와는 불가분의 관계를 유지할 수밖에 없다. 극서정시와 선시를 일종의 '정신주의 시'라고 명명할 수 있는 근거가 바로 여기에 있다. 이때의 정신이 물질이나 육체, 욕망, 욕구, 허무, 퇴폐, 감각, 분열 등과 대척점에서 세계의 의미를 발견하고 정립하려 한다는 것, 길고 복잡한 시의 양식보다는 짧고 간명한 시의 양식을 통해 그것이 드러나고 있다는 것은 누구나 다 아는 사실이다. 하지만 정신이 왜 짧고 간명한 양식을 통해 드러나야 하는지에 대해서는 구체적인 논리보다는 태생적인 직관으로 그것을 받아들이고 있다. 이것은 우리의 혹은 동양의 전통적인 시가의 양식, 이를테면 한시, 시조, 선시, 하이쿠, 와카 등이 단형이라는 점이 무의식적으로 작용한 결과라고 할 수 있을 것이다. 이 시가의 양식들은 유가와 도가의 사상을 바탕으로

심신의 수양과 삶의 실천적 도리를 강조하고 있다는 점에서 정신주의를 지향한다고 볼 수 있다.

짧은 시형 속에 내재한 압축과 절제의 세계는 '지금, 여기'의 넘침의 세계에 대한 미적 비판과 저항의 의미를 강하게 띨 수밖에 없다. 압축되고 절제된 언어는 비만한 세계에 대한 촌철살인의 미적 효과를 유발한다. 짧은 시형이 제공하는 여백과 여운은 또 다른 채움과 충만의 세계를 낳는다는 점에서 정서와 의미의 문제에 깊이 닿아 있다. 길고 복잡한 시형의 경우 그 정서와 의미를 따라가기에 급급하다면 짧은 시형의 경우에는 그것을 주체적으로 구성하고 음미하는 데 좀 더 많은 여유가 주어진다고 할 수 있다. 가령 5, 5, 7자를 기본으로 하는 일본의 하이쿠가 널리 사랑받고 있는 이유 중의 하나가 독자로 하여금 그것을 주체적으로 구성하고 음미하게 하는 데 용이하고 효과적이기 때문이다. 하이쿠의 대중적인 호소력과 침투력이 강한 이유가 바로 여기에 있으며, 그것은 하이쿠가 속도와 성과가 지배하는 '피로사회'를 살아가는 일반 대중들에게 자신의 정체성을 돌아보게 하는 좋은 형식이 될 수밖에 없다는 것을 말해준다.

문인수의 『달북』이 주는 '지금, 여기'에서의 의미 역시 이와 무관하지 않다고 할 수 있다. 시조의 형식을 취하고 있는 이번 시편들은 자유시를 쓰는 시인의 것이라는 점에서 일정한 호기심이 가는 것이 사실이다. 자유시의 형식이 몸에 배인 사람에게 시조라는 새로운 시형에 대한 도전은 설레는 경험인 동시에 불안한 경험이라고 할 수 있다. 이러한 경험은 고스란히 시 속에 흔적으로 남아 있다. 이번 시편의 특징은 비록 시조의 형식을 취하고 있지만 여기에 대한 강한 자의식과 강박으로부터 벗어나 그 특유의 미학을 보여주고 있다는 점이다. 보통 현대시조를 접하면 3장 6구 45자 내외라든가 종장 첫 구가 3자라는 형식의 엄격성과 여기에서 비롯되는 기승전결의 구성과 리듬, 긴장 등 시조만의 고유한 미감을 강하게 느끼게 된다.

그러나 『달북』에서는 이러한 미감 대신 또 다른 어떤 미감이 느껴진다. 마치 외피는 시조의 형식을 취하고 있지만 그 이면에는 그것을 넘어서는 다양한 세계가 존재한다. 시조의 엄격한 형식이 느껴지지 않은 채 자연스럽게 시상의 흐름이 전개되면서 이루어지는 시의 세계는 이 시인에게 이러한 형식은 그야말로 하나의 형식에 불과하다는 사실을 말해준다. 시조의 기본적인 형식을 위반하지 않으면서도 그것에 얽매이지 않는 시인의 시적 태도는 아무나 흉내 낼 수 있는 것은 아니다. 형식과 내용 혹은 형식과 시상 사이의 자유로운 넘나듦을 통해 독특한 세계가 탄생하고 있다. 형식과 내용 사이의 넘나듦이 자유롭다는 것은 그것이 눈에 보이거나 거슬릴 정도로 꿰맨 자국이 드러나지 않고 '무봉'하다는 것을 의미한다. 시인의 의도가 눈에 거슬릴 정도로 드러나면 그것의 시도 자체에 의의를 둘 뿐 그 세계의 의미라든가 미감에 대해서는 관심을 두지 않는다.

이런 점에서 보면 『달북』은 좀 다르다. 가령,

어디어디어디어디어디어디어디
어디어디어디어디어디어디어디

어디서 종장을 치나, 저 빗소리

어디로……

— 「밤새는 말」 전문

이나,

봐, 달은 어디에나 떠 기울여 널 봐.

그 마음 다 안다, 그건 그래, 그렇다 하는…… 귀엣말,

환한

북

소리,

지금 다시 널 낳는 중.

— 「달북」 전문

을 보면 어디 한군데 꿰맨 자국이 없다. 「밤새는 말」에서 가장 먼저 눈에 들어오는 것은 시의 형태이다. 종장이 초장, 중장과 분리되어 있을 뿐만 아니라 두 행으로 나눠져 있다. 여기에 초장, 중장은 '빗소리'를 나타내는 '어디'라는 의성어가 띄어쓰기가 안 된 채 연이어 서술되어 있다. 시의 형태가 형식과 내용의 절묘한 조합으로 이루어져 있으며, 그것이 끊이지 않고 내리는 '빗소리'의 세계를 이루고 있다는 점을 고려한다면 시인이 선택한 시의 형식과 내용이 얼마나 적절했는지를 알 수 있다.

  시의 형태가 이렇게 형식과 내용의 절묘한 조합으로 이루어지는 경우는 흔치 않다. 초장과 중장의 3, 4가 띄어쓰기가 안 된 채 모두 '어디'로 이루어짐으로써 시조의 형식이 '빗소리'를 드러내는 데 부족함이 없을 정도로 그것을 효과적으로 활용하고 있다. 만일 '어디'를 띄어쓰기 했다면 끊이지 않고 줄기차게 내리는 '빗줄기'를 드러내는 데 효과적이지 않았을 뿐만 아니라 "어디서 종장을 치나"라는 문장도 또 '밤새는 말'이라는 시제도 탄생하지 않았을 것이다. 한 편의 시를 이루는 형식과 내용의 유기적인 흐름을 통해 드러나는 세계(형태)는 리듬 그 자체이다. 이때의 리듬은 리듬을 위한 리듬이 아니라 하나의 세계나 삶의 형태 혹은 형상으로서의 리듬이다. 하나의 세계나 삶은 형상과 질료로 이루어지며, 여기에서의 질료는 에너지 곧 리듬이다. 이 리듬이 형상을 짓는다면 둘 사이의 관계는 하나도 아니고 둘도 아닌 상태에 놓일 수밖에 없다.

이러한 세계의 원리를 시의 질료와 형상으로 드러낸다는 것은 시인의 소명이다. 하지만 이 소명을 모두 온전히 성취하는 것은 아니다. 세계의 원리나 은폐된 의미에 대한 자각과 언어를 통한 그것의 탈은폐는 시인, 세계, 언어의 삼위일체를 통해 이루어진다. 시인의 시적 대상(세계나 사물)에 대한 깊이 있는 관조와 시인 자신이 사물이나 그 세계의 의식이 되는 과정이 전제될 때 시인, 세계, 언어의 삼위일체는 성립된다고 할 수 있다. 「밤새는 말」에서 '빗소리'에 대한 시인의 관조와 그것이 탈은폐된 시의 형태 사이에는 밀접한 관계가 있으며, 이것이 일정한 미적 성과로 이어지고 있다는 것이 이 시의 미덕이다. 하지만 '빗소리'와 '종장'의 연결이 강렬한 미적 충격을 불러일으킨다고는 볼 수 없다. '빗소리의 끊이지 않음'과 '종장을 친다'는 것 사이에는 낯설고 새로운 발견에서 오는 강한 미적 충격보다는 익숙한 것의 확인에서 오는 미적 관성이 존재한다. 미적 관성은 세계에 대한 낡고 상투적인 인식에 빠질 위험성이 도사리고 있다는 점에서 그것은 시인이 극복해야 할 대상이라고 할 수 있다.

시적 대상(세계)에 대한 인식의 새로움은 「달북」에서 잘 드러난다. '달북'은 시인의 인식을 통해 새롭게 만들어진 시적 대상으로 묘한 울림을 준다. 시인에 의해 '달북'이라는 세계가 만들어진 데에는 우선 '달'에 대한 주의(attention)가 있었기 때문이다. 시인의 달에 대한 주의의 과정은 '관조의 깊이'를 드러낸다. 시인과 달 사이의 주의의 과정은 점진적으로 이루어진다. 먼저 시인에게 달은 '어디에나 떠 기울여 자신을 보는 존재'이다. 이것은 세계의 다른 모든 존재 중에 달이 시인의 눈에 들어왔으며, 결국에는 그것이 초점화 되었다는 것을 의미한다. 시인에 의해 초점화 된 달은 이제 눈에 보이는 차원을 넘어 눈에 보이지 않는 차원인 '마음'까지 탈은폐된다. 달의 마음에까지 닿는 시인의 깊은 관조는 그 달을 정적인 상태에서 동적인 상태로 만들어 놓는다. 시인은 달에서 '환한 북소리'를 듣게 되고, "널 낳는 중"을 통해 알 수 있듯이 이것은 다시 생성과 잉태의 차원으로까지 이어진다. 시인의 달에 대한 주의와 관조가 가시적인 것에서 비가시적인 것, 정적인 것에서 동적인 것, 존재의 차원에서 생성과 잉태의 차원까지 끌어내면서 그만큼 달이 지니고 있는 세계의 의미는 확장되고 심화되기에 이른다.

'달'이라는 하나의 대상이 시인의 주의와 관조를 통해 그 이면에 은폐된 의미를 잉태하기까지의 과정은 이 시의 미적 가치를 결정한다. 이때 이러한 일련의 과정에 '억지스러움이 있느냐 없느냐' 하는 문제가 제기된다. 한 편의 시가 높은 미적 가치를 유지하려면 이 과정에 억지스러움이 없어야 한다. 「달북」의 매력은 바로 여기에 있다. '달'에서 '북'으로 이어지는 시상의 이음새가 무봉에 가깝다. 시상의 이음새가 거칠게 드러나면 그만큼 시의 깊은 울림은 줄어든다. 어떤 시에서 눈에 보이지 않는 깊은 울림을 느낀다면 그것은 분명 무봉한 이음새의 이면에 내재해 있는 깊은 세계와 그 의미 때문일 것이다. 깊은 울림은 '하늘과 땅이 커다랗게 공(空)을 물' 듯하거나 아니면 '하늘과 땅이 서로 통해'(「범종」)야 발생하는 것이다. 어디 한군데 틈이 있으면 이 틈으로 잡음이 개입하기 때문에 깊은 울림은 불가능할 수밖에 없다.

문인수의 이번 시집에는 「달북」처럼 시상의 이음새가 무봉한 시편들이 제법 많이 있다. 가령,

    물새 발자국이 한 줄 잔설 위에 찍혀 있다. 아침 햇살이 입 대고 언 종적을 따라간다.

    여기다!

    날개 편 자리, 상처가 좀
    더 깊다.
—「강」 전문

이나,

    은행나무 밑둥치마다 낙엽이 몰렸다.

    이 추위가 아니라면 어찌 너의 이름 알리.

반 음씩, 더,
다가간다.

따신 곁이 참 많다.

— 「곁들」 전문

그리고,

저러면 참 아프지 않게 늙어갈 수 있겠다.

딱딱하게 만져지는, 맺힌 데가 없는지
제 마음, 또 뭉게뭉게 뒤져보는 중이다.

— 「구름」 전문

등의 시편에서 읽게 되는 것은 안으로 깊어지는 울림이다. 밖이 아니라 안으로 깊어지기 때문에 읽고 나서도 그 울림이 쉽게 사라지지 않는다. 시인이 시적 대상으로 삼은 것들은 '강', '물새', '낙엽', '은행나무', '구름' 등 우리 주변에서 흔하게 볼 수 있는 아주 친숙한 질료들이다. 흔하고 친숙한 것들은 시인으로 하여금 '낯설게 하기'의 강박을 불러일으킬 수 있다. 이 강박이 심해지면 시는 억지스럽고 생경하게 될 수밖에 없다.

그러나 「강」, 「곁들」, 「구름」 등에서는 이러한 시인의 태도를

읽을 수 없다. 흔하고 친숙한 질료들을 낯설게 하려는 강박보다는 그것을 초월한 듯한 여유로움과 넉넉함이 배어 있다. 이러한 시인의 태도가 오히려 시적 대상들의 이면에 은폐되어 있는 세계와 그 의미에 좀 더 가깝게 다가가게 했다고 볼 수 있다. 시인의 여유와 넉넉함은 '잔설 위에 찍힌 물새 발자국에서 날개 편 상처의 깊이'를 들여다보게 하고, '은행나무 밑둥치에 몰린 낙엽에서 따신 곁들'을 발견해내게 하기도 한다. 뿐만 아니라 '구름에서 마음'을 읽어내게 하기도 한다. 시인이 들추어낸 이러한 세계는 낡았다기보다는 흔하고 친숙한 것들 속에서의 새로움이라고 명명할 수 있다. 시에서의 낯섦과 새로움을 이렇게 흔하고 친숙한 것들 속에서 발견해낼 때 어떤 보편타당성이나 공감에서 오는 미적 매력은 그만큼 배가될 수 있다. 소월의 「산유화」의 강하고 오랜 생명력의 원천이 바로 여기에 있는 것 아닌가?

  시인이 '구름'을 보고 "저러면 참 아프지 않게 늙어갈 수 있겠다."라고 했을 때, 우리가 여기에서 체험하는 공감의 정도는 구름에서 느끼는 친숙함만큼 크다고 할 수 있다. 구름의 정처 없음이나 보헤미안적인 자유로움 같은 낭만이 아닌 삶의 현실이 투영된 이 표현은 절실함이라든가 리얼리티의 면에서 더 효과적일 수 있다. 그가 이번 시집에서 보여준 시편들이 이것을 겨냥하고 있다는 점에서 의미의 진폭이 크다. 달의 이면에 은폐되어 있는 북의 의미를 이음새가 드러나지 않을 정도로 무봉하게 들추어내어 결 고운 언어로 한 편의 시를 짓는다는 것은 '달북'에서 느껴지는 것처럼 낯설면서도 친숙하고, 낡았으면서도 새롭다. 이것은 달과 북 사이에 일정한 긴장(tension)이 존재한다는 것을 의미한다. 시에서 시상과 언어의 결이 살아 있으려면 이러한 긴장이 존재해야 한다. 달과 북이 결합하여 빚어내는 긴장 사이에는 '빛과 소리', '천상과 지상', '시각과 청각', '자연과 문명', '외면과 내면', '의식과 무의식', '밝음과 어둠' 등의 중층적인 의미의 세계가 놓여 있다고 볼 수 있다. 이 중층적인 의미의 세계가 무봉한 이음새와 결 고운 언어를 통해 드러난다면 그것은 서정의 한 경지를 열어 보일 것이 분명하다. 이런 점에서 '달북'은 '시인을 낳는 중'(「달북」)의 다른 이름이다.

이 도서의 국립중앙도서관 출판시도서목록(CIP)은 서지정보유통지원시스템 홈페이지
(http://seoji.nl.go.kr)와 국가자료공동목록시스템(http://www.nl.go.kr/kolisnet)에서
이용하실 수 있습니다. (CIP제어번호: CIP2014008829)

시인동네 시인선 010

달북

ⓒ 문인수

초판 1쇄 발행　2014년 4월 11일
초판 2쇄 발행　2014년 12월 10일

　　지은이　문인수
　　펴낸이　김석봉
　　책임편집　이현호
　　디자인　조동욱
　　펴낸곳　문학의전당
　　출판등록　제311-2012-000043호
　　주소　서울시 은평구 연서로11길 7-5 401호
　　편집실　서울시 마포구 마포대로 127, 413호(공덕동, 풍림VIP빌딩)
　　전화　02-852-1977
　　팩스　02-852-1978
　　블로그　http://blog.naver.com/mhjd2003
　　전자우편　sbpoem@naver.com

　　　ISBN　978-89-98096-69-4　03810

* 이 책의 판권은 지은이와 문학의전당에 있습니다.
* 양측의 서면 동의 없는 무단 전재 및 복제를 금합니다.
* 잘못 만들어진 책은 바꿔드립니다.
* 이 시집은 〈2014 세종도서 문학나눔〉 도서에 선정되었습니다.